Classici

EDIZIONI EL

W0200293

Quarta ristampa, giugno 2019

Illustrazioni di Barbara Bongini

© 2014 Edizioni EL,
via J. Ressel 5, 34018
San Dorligo della Valle (Trieste)
ISBN 978-88-477-3160-8

www.edizioniel.com

Sabina Colloredo

Il fantasma di Canterville

da Oscar Wilde

CAPITOLO I

CASTELLO CON SORPRESA

IL CASTELLO di Canterville era famoso in tutta l'Inghilterra per le leggende spaventose che circolavano sul suo fantasma. Si diceva che, oltre a terrorizzare chiunque si avvicinasse, lo spirito avesse commesso anche parecchi omicidi.

Il ministro americano Hiram B. Otis, che come la maggior parte dei suoi connazionali non credeva ai fantasmi, quando seppe che il castello era in vendita, decise di acquistarlo e di andarci a vivere con la famiglia.

Il proprietario, Lord Canterville, cercò di metterlo in guardia.

– Mi sento in dovere di avvertirla, signor Otis, che il castello è infestato da un fantasma. Alcuni componenti della mia famiglia, a causa delle sue apparizioni, sono impazziti per lo spavento. La mia prozia, mentre si vestiva davanti allo specchio, fu afferrata alle spalle da due mani scheletriche. Da quel momento, povera donna, non fu piú la stessa.

Il signor Otis lo ascoltava con un sorrisetto di sufficienza.

– Non si preoccupi, Lord Canterville, – lo interruppe. – Lei è molto gentile ad avvertirmi, ma io sono un uomo con i piedi per terra. Non credo ai fantasmi, e non li temo. Nel caso però un fantasma ci fosse davvero, farò finta che faccia parte della mobilia. Acquisto anche lui con tutto il resto, con vero piacere. E se riuscirò a catturarlo, lo esporrò in qualche museo, per la gioia di grandi e bambini!

Lord Canterville comprese che non c'era nulla che potesse dissuadere il signor Otis, cosí gli diede un'ultima informazione.

– Il fantasma esiste dal 1584, e appare puntualmente prima della morte di un membro della mia famiglia. Io l'ho avvisata. Di piú non potevo fare.

I due gentiluomini si diedero la mano e l'affare fu concluso.

– Siamo proprietari di un castello! – esclamò entusiasta il signor Otis, entrando in casa e sventolando il contratto firmato.

Sua moglie, la signora Otis, gli volò incontro e l'abbracciò, raggiante.

Era un'affascinante donna di mezza età,

con occhi luminosi, una carnagione splendente e un inesauribile buonumore.

Arrivarono di corsa anche i loro quattro figli: il maggiore era un bel ragazzo di nome Washington, la secondogenita si chiamava Virginia, aveva quindici anni ed era graziosa come la madre. Per ultimi, ma solo di nascita, c'erano i gemelli, due ragazzini indiavolati che in realtà erano sempre i primi a combinare guai.

Anche i figli si mostrarono entusiasti di avere un castello in cui vivere e in capo a pochi giorni la famiglia al gran completo era già sul treno che l'avrebbe portata a Canterville.

Alla stazione li attendeva una lussuosa carrozza. Ci salirono in fretta, impazienti di arrivare al castello, che nessuno aveva ancora visto.

La carrozza attraversò un bosco di pini dall'aria dolce e profumata. Era una calda serata di giugno, nel cielo si accendevano le prime stelle e gli uccellini cantavano le loro melodie.

– Che posto meraviglioso, caro! – mormorava incantata la signora Otis. – Non potevi fare scelta migliore!

Man mano che si avvicinavano al castello, però, il cielo diventava sempre piú scuro e l'aria rinfrescava. Le voci dei ragazzi diminuirono fino a cessare del tutto e crebbe il grido rauco delle cornacchie che sorvolavano la carrozza.

All'improvviso, iniziò a piovere a grossi goccioloni.

L'anziana governante del castello, la signora Umney, li attendeva in cima alla gradinata principale. Fece un profondo inchino e li guidò attraverso grandi stanze semibuie fino alla biblioteca, dove li attendeva un bel fuoco scoppiettante e uno spuntino con tè e pasticcini.

– Sembra un po' lugubre, – bisbigliò Virginia, guardandosi intorno.

La biblioteca era rivestita di legno scuro e sugli scaffali

polverosi erano ammucchiati alla rinfusa centinaia di vecchi libri.

– Oh, cara! Con un tempo del genere, – cinguettò la signora Otis, – sembrerebbe lugubre anche una festa di compleanno.

Si interruppe, sorpresa: sul pavimento, davanti al caminetto, c'era una grande macchia rosso scuro.

– Signora Umney! Laggiú dev'essersi versato qualcosa!

– Lo so signora, si è versato del sangue! – rispose la governante.

– Che spiacevole incidente! Non voglio macchie di sangue nelle sale del castello! Provveda immediatamente a farla pulire!

– Non si può, signora. Si tratta del sangue di Lady Eleonor de Canterville, che fu assassinata nel 1557 da suo marito, Sir Simon de Canterville. La macchia di sangue fa parte del castello da centinaia di anni!

– Che sciocchezze! – intervenne il giovane Washington, prendendo qualcosa dalla tasca. – Vede questo? Lo porto sempre con me. È lo Smacchiatore Universale Pinkerton. Nessuna macchia può resistergli!

E prima che la signora Umney potesse replicare, il ragazzo iniziò a sfregare con energia il pavimento. Lentamente, la chiazza di sangue scomparve.

– Cosa vi avevo detto? – esultò.

In quel momento un lampo accecante illuminò a giorno la biblioteca e un fragoroso rombo di tuono scosse le pareti. La signora Umney cadde a terra svenuta per lo spavento.

– Hiram, caro! – disse la signora Otis, appoggiando la tazza di tè. – La signora Umney è sdraiata sul pavimento. Cosa facciamo?

– Se resta svenuta a lungo, le tratterremo i soldi dallo stipendio!
La signora Umney si riprese all'istante, un po' seccata. Raddrizzò il colletto nero dell'abito e riordinò le pieghe del grembiule bianco.
– Io vi avverto, signori. Vivo da molti anni al castello e ho visto cose che farebbero rizzare i capelli in testa al piú coraggioso degli uomini. Non volete credermi? Che la notte vi porti consiglio...
E cosí dicendo se ne andò, chiudendo con delicatezza la porta della biblioteca dietro di sé.

CAPITOLO II

LA MACCHIA CHE NON SI SMACCHIA

IL TEMPORALE INFURIÒ per tutta la notte, ma i nuovi inquilini del castello dormirono beati fino al mattino.

Scesero in biblioteca freschi e allegri per fare colazione e si accorsero che la macchia era di nuovo al suo posto.

– Non è possibile! – esclamò Washington. – Lo Smacchiatore Pinkerton non ha mai fallito!

Si buttò in ginocchio e sfregò di nuovo il pavimento, ma la chiazza di sangue riapparve il mattino seguente e anche quello successivo.

Il signor Otis, spazientito dalle insistenze del figlio, ogni sera chiudeva la porta della biblioteca a chiave e se la infilava in tasca. Ma fu tutto inutile. Alla mattina, quan-

do scendevano a fare colazione, la chiazza di sangue era sempre lí.
Dopo una settimana gli Otis smisero di indagare su quel mistero. C'erano troppe cose da vedere al castello e concentrarono le loro attenzioni su quelle.

La chiazza di sangue rimase cosí tranquilla al suo posto, dove era sempre stata.

Era una bella notte di luna piena e gli Otis, tornati stanchissimi da una lunga scampagnata in carrozza, decisero di andare a dormire presto.
Alle undici le luci del castello si spensero.
La pendola scandiva il passare delle ore e il signor Otis stava facendo un sogno meraviglioso, quando fu svegliato di soprassalto da un rumore metallico lungo il corridoio.
Il ministro accese la luce, infilò una piccola bot-

tiglia nella tasca della vestaglia e aprí la porta della camera da letto.

Di fronte a lui, illuminato dalla luce della luna, c'era un vecchio dall'aspetto spaventoso. Era vestito con un abito antico, di quelli che si vedono solo nei quadri, e lo fissava con rossi occhi di brace. Lunghi capelli grigi e arruffati gli ricadevano sulle spalle, e ai polsi e alle caviglie portava delle catene arrugginite che stridevano a ogni movimento.

Il signor Otis non batté ciglio.

– Mio caro signore! – esordí. – Il cigolio delle catene ha interrotto il mio sonno e rischia di svegliare anche il resto della famiglia. Mi permetta di offrirle il lubrificante Sole d'Aurora. Vedrà che le olierà alla perfezione, cosí potrà trascinarle dove vuole senza dar fastidio a nessuno –. Gli porse la bottiglietta che aveva in tasca. – Ne basta poco. Glielo lascio volentieri, con l'invito di usarlo al piú presto.

Il fantasma, paralizzato dalla sorpresa, fissò a bocca aperta il signor Otis che rientrava tranquillamente nella sua stanza. Quando la porta si richiuse, preso da una furia impotente, scagliò la bottiglietta contro il muro e fuggí su per le scale. Lanciava terribili grida e il suo corpo emetteva una spettrale luce verdognola.
Era cosí infuriato che non si accorse del cuscino lanciato da due nanerottoli in pigiama, fino a che non lo colpí in testa. Un coro di risate infantili sottolineò la sua espressione stupefatta.
Il fantasma non credeva ai suoi occhi: i gemelli stavano armandosi di altri cuscini per colpirlo di nuovo!
Preso alla sprovvista, decise di battere in ritirata e scomparve attraverso la parete.

Al sicuro nella sua stanzetta, appoggiato a un raggio di luna che entrava dalla finestra, il fantasma cercava di riordinare le idee. Mai era stato cosí umiliato e sbeffeg-

CLINK
CLINK
CLANK
CLINK
CLINK
CLANK
CLINK

giato in tutta la sua vita! Come si permetteva quella famigliola di americani volgari di mancargli di rispetto?
Per risollevarsi il morale, pensò ai numerosi successi della sua carriera che, nei secoli, l'avevano portato a essere il fantasma piú temuto d'Inghilterra.
Ghignò in modo diabolico ricordando la volta in cui si era trasformato in scheletro e si era seduto in poltrona a leggere il giornale nella camera di una delle ospiti del

castello. La donna si era svegliata di buon mattino e, vedendolo, aveva urlato di terrore per giorni, fino a che aveva perso la ragione.

Per non parlare di quando aveva soffocato con una carta da gioco, un fante di quadri per l'esattezza, uno dei tanti Lord Canterville. L'uomo era un baro e un truffatore e, quando fu ritrovato morto nello spogliatoio, nessuno lo rimpianse! Poi c'era stato il maggiordomo, che giurava di aver visto una grande mano verde bussare alla finestra, ed era impazzito dalla paura. E ancora, come si era divertito quella volta in cui gli ospiti del castello erano scappati terrorizzati vedendolo giocare a birilli con le proprie ossa sul campo da tennis!

Emise un lungo sospiro soddisfatto. Lui era il fantasma

di Canterville e poteva fare quel che voleva! Il castello era suo dalla notte dei tempi! Come osavano quegli Otis ostinarsi a smacchiare il sangue in biblioteca? O a offrirgli del lubrificante per oliare le catene? Si sedette su una sedia e iniziò a pensare a una terribile vendetta.

Oh! Avrebbero scoperto presto con chi avevano a che fare!

CAPITOLO III

LO SPETTRO DELLA VENDETTA

LA MATTINA seguente, a colazione, i gemelli si presero una bella sgridata.

– Non avete alcun diritto di offendere la dignità del fantasma, – li rimproverò il padre. – Siete stati dei veri maleducati a lanciargli addosso i cuscini!

I due ragazzini mangiavano una fetta di torta dietro l'altra e non fecero una piega.

– D'altro canto, – continuò il signor Otis, – se il fantasma si ostina a non voler usare il lubrificante Sole d'Aurora, mi vedrò costretto a togliergli le catene. È impossibile dormire, con tutto quel rumore!

Quella settimana però trascorse tranquilla, perché il fan-

tasma non si fece vivo. Solo la chiazza di sangue in biblioteca ricordava agli Otis la sua esistenza. Per qualche misterioso motivo, infatti, adesso la macchia cambiava colore: dal rosso smorto passò a quello acceso, fino a che diventò blu, gialla e infine verde smeraldo.

Gli Otis trovavano la faccenda spiritosa e iniziarono a scommettere sul colore che avrebbero trovato il mattino successivo.

Virginia era l'unica che non sembrava divertita alla vista della macchia multicolore, ma il motivo di quel suo malumore rimase un segreto.

Una domenica notte, mentre gli Otis erano a dormire da un pezzo, un frastuono assordante li fece volare giú dal letto. Si precipitarono a pianterreno, dove li attendeva uno spettacolo incredibile. Sul pavimento era sparsa in pezzi la piú bella armatura del castello e il fanta-

sma, che nel tentativo di indossarla l'aveva fatta cadere, si massaggiava le ginocchia con una smorfia di dolore.

I gemelli si affacciarono alla balaustra e iniziarono a bersagliarlo con i proiettili della cerbottana.

– Mani in alto! – gli intimò il signor Otis, puntandogli addosso una pistola.

Il fantasma ne aveva abbastanza: con un urlo raccapricciante balzò in piedi e si dileguò in un soffio di nebbia gelida.

Era una trasformazione che avrebbe fatto morire di paura chiunque. Ma non gli Otis.

Mentre l'eco della sua agghiacciante risata rimbombava sotto gli alti soffitti del castello, il fantasma ricomparve e si vide ve-

nire incontro la signora Otis, avvolta in una morbida vestaglia azzurra.

– Temo che lei non si senta bene per gridare cosí, – gli disse gentilmente la signora. – Provi questo medicinale del Dottor Dobell. Vedrà che tornerà in forma in men che non si dica.

Il fantasma fissò incredulo la confezione di purgante che gli veniva offerta e, senza pensarci due volte, si trasformò in un mostruoso cane nero. Stava per assalire la signora Otis, quando sentí dei passi e delle voci concitate che si avvicinavano di corsa.

Ormai li avrebbe riconosciuti tra mille! Erano i terribili gemelli! Non se la sentí di fronteggiarli di nuovo, neppure nelle sembianze di cane, e con un latrato di rabbia scomparve nella sua solitaria cameretta.

Il fantasma tremava, in preda a una crisi nervosa. Non gli era mai accaduto di non essere preso sul serio e non sapeva come affrontare la situazione. Si sentiva malissimo e non uscí dalla stanza per diversi giorni, se non per dedicarsi a quello che ormai era diventato il suo unico divertimento: cambiare colore alla macchia di sangue. Ma quella non era certo vita per un fantasma del suo rango! Superato il momento di abbattimento, decise che sarebbe passato all'azione.

Scelse la notte del 17 agosto, data infausta per gli umani, che cadeva giusto di venerdí.

Il fantasma studiò un piano infallibile. Prima sarebbe apparso nella stanza del giovane Washington, quello stupido giovanotto che si accaniva a smacchiare la chiazza di sangue. L'avrebbe spaventato a morte, pugnalandosi tre volte alla gola al suono di un motivetto musicale. Poi sarebbe passato nella stanza dei genitori. Avrebbe sfiorato con dita gelide la bella fronte della signora Otis e sibilato al marito gli orrendi segreti dell'oltretomba.

I gemelli li avrebbe lasciati per ultimi, deciso a terrorizzarli ben bene. Si sarebbe seduto a cavalcioni sul petto di ognuno, in modo da provocare loro la famosa sensazione di «soffocamento da incubo». Poi si sarebbe trasformato in un orribile cadavere verde e infine, qualora i due ragazzini, folli di paura, lo avessero supplicato di smettere... sarebbe strisciato per la stanza con una sola pupilla roteante al centro del teschio.

Finalmente, pensava soddisfatto, si sarebbe tolto di torno quella coppietta infernale che gli rendeva la non-vita impossibile!

Mancava Virginia. Il fantasma era combattuto. Lei non lo aveva mai insultato in alcun modo ed era graziosa e gentile. Pensò che sarebbe bastato un gemito dall'armadio e una carezza sulle coperte. Non voleva spaventarla troppo. Era cosí bella!

Sospirò. Ah, se l'avesse incontrata in vita...
Cercò di non pensarci.
Indossò un cappellaccio con una piuma rossa e un lenzuolo arricciato ai polsi, prese un coltello arrugginito e attese.

Quella notte scoppiò un violento temporale, i tuoni facevano tremare le vetrate e i lampi illuminavano il castello di una luce sinistra.
Quando scoccò la mezzanotte, il fantasma scivolò fuori dalla stanza con un ghigno diabolico stampato sul viso. Ecco arrivata finalmente la notte della Grande Vendetta!
Avanzava lentamente lungo i corridoi, mentre il vento gemeva e il gufo lanciava i suoi tristi richiami.
Svoltò l'angolo che portava alle camere da letto degli Otis con il pugnale alto sul capo e... si fermò di colpo, agghiacciato.
Di fronte a lui, al lato opposto del corridoio, c'era uno

spettro terrificante che lo fissava. Aveva un gran faccione largo e dagli occhi e dalla bocca gli uscivano le fiamme. Il corpo era nascosto sotto un lenzuolo che lasciava intravedere forme orrende e irriconoscibili.

Il fantasma lasciò cadere il coltello arrugginito sul pavimento e l'eco del tonfo si propagò per tutto il castello. Non avendo mai visto un fantasma, si spaventò terribilmente e fece un rapido dietrofront.

Senza alcun ritegno, corse fino al suo rifugio, dove si buttò sul letto, con il viso nascosto sotto le coperte. Mai, mai aveva provato un simile terrore!

Attese il sorgere del sole, tra mille domande e nessuna risposta, e quando una luce tenue illuminò il cielo, decise che sarebbe andato a parlare col collega. Forse, spiegandogli la situazione in cui si trovava, avrebbe potuto trovare un alleato per sconfiggere la terrificante famigliola. Ma certo! Come aveva fatto a non pensarci prima? Due fantasmi contro due gemelli!

Quando però arrivò sul posto, il fantasma non c'era piú. Sul pavimento, erano rimaste una zucca vuota e una scopa avvolta da un lenzuolo. Accanto, un cartello, con su scritto: *IL FANTASMA DE OTIS, Unico Modello Autentico e Originale. Diffidare delle imitazioni.*

Il fantasma si sentí soffocare dalla rabbia! I gemelli! Di nuovo erano riusciti a farsi beffe di lui!

Allora risolse di farla finita una volta per tutte. La sola cosa che gli rimaneva da fare era lanciare il piú terribile degli anatemi.

– *Quando il gallo due volte canterà,* – pronunciò a voce alta, – *l'intera famiglia morirà!*

Aveva appena finito di recitare l'antico giuramento, che il gallo cantò.

Una volta...

Il fantasma attese a lungo, speranzoso.

Passarono le ore, ma il gallo, quel mattino, si accontentò di cantare una volta sola, evento mai accaduto nella storia dei galli.

– Maledetto pennuto! – inveí il fantasma, mentre il castello iniziava a svegliarsi. – Anche tu ti ci metti! Se ti prendo, ti infilzo e ti faccio arrosto!

Poi si infilò in una bara di piombo e non si fece piú vedere.

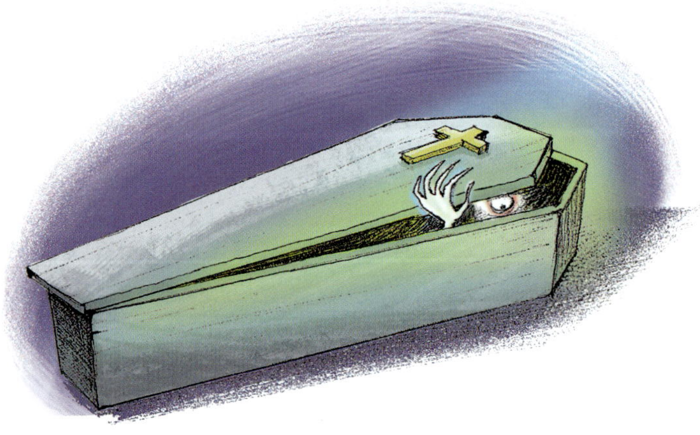

CAPITOLO IV

FANTASMA IN FUGA

IL FANTASMA si sentiva stanco da morire. Esaurito, a dirla tutta.

Rinunciò persino a occuparsi della macchia di sangue e rimase sdraiato per giornate intere sul divano della sua stanza, sobbalzando al minimo rumore.

Era la prima volta che mancava al proprio dovere: camminare lungo i corridoi una volta alla settimana, mugolare frasi spaventose il primo lunedí e mercoledí del mese, e altre deliziose incombenze che avevano dato un senso alla sua non-vita.

Una notte di plenilunio in cui il richiamo della luna era piú irresistibile del solito, si fece forza e cercò di reagire. Indossò un mantello nero, si tolse gli stivali e, ulti-

ma umiliazione, oliò le catene con il lubrificante Sole d'Aurora. Sperava cosí di passare inosservato e di fare un giretto per il castello come ai vecchi tempi.

Ma ancora una volta aveva sottovalutato i gemelli. Mentre camminava trascinando le silenziosissime catene, inciampò in un laccio teso sul pavimento e cadde malamente a terra. Fece appena in tempo a rimettersi in piedi, che scivolò su una strisciata di burro che dal-

la cima delle scale lo precipitò ruzzoloni fino al pianterreno.
In un silenzio penoso, tornò nella sua stanza.
Sembrava che quella storia non dovesse finire mai.

Il fantasma attese che la situazione fosse tornata tranquilla e provò a elaborare l'ennesimo piano d'attacco.
Decise di travestirsi da fantasma decapitato, un'invenzione che gli costò ben tre ore di trucco. A mezzanotte, si presentò baldanzoso e senza testa davanti alla «stanza azzurra» dove dormivano i gemelli.
Ringalluzzito dal silenzio, spalancò la porta con un calcio e... dall'alto gli si rovesciò addosso una brocca d'acqua gelata che lo inzuppò fino alle ossa.
Si mise a letto con un terribile raffreddore.
– Per fortuna avevo lasciato in stanza la testa! – continuava a ripetere nel delirio della febbre. – Altrimenti chissà cosa sarebbe potuto succedere!

Trascorse il resto del mese al calduccio, davanti al camino, con uno sciarpone rosso intorno al collo.

Quando si sentí meglio, decise di svagarsi un po'. Indossò un lenzuolo macchiato di fango di cimitero e si legò alla mascella una fascia gialla che gli donava molto. In una mano teneva una lanterna e nell'altra una vanga da becchino. Si rimirò allo specchio e si trovò in grande, orribile forma. Stava dirigendosi in biblioteca per controllare la macchia di sangue, quando da un angolo buio balzarono fuori due sagome vestite di bianco che mulinando le braccia gli urlarono in viso:

– Buuuuuu!!

Il fantasma fece un balzo indietro e andò a sbattere contro Washington Otis, che lo stava prendendo di mira, puntandogli addosso la pompa da giardino.

– No! Il raffreddore, no! – lo scongiurò il fantasma. – Pietà!

E si dileguò tra gli sghignazzi generali attraverso la stufa di ghisa.
Dovette passare per cappe e camini per giungere indisturbato alla sua stanza e quando ci arrivò, era sporco da far paura.

Da quella notte il fantasma non si vide piú.
I gemelli continuarono a organizzare trappole e agguati, ma invano. La scomparsa del vecchio nemico lasciò nei ragazzi un senso di vuoto, ma i genitori tirarono un sospiro di sollievo.
– Per festeggiare la tranquillità ritrovata, darò un gran ricevimento! – annunciò la signora Otis alla famiglia riunita.
Si mise all'opera insieme alla figlia per rimodernare le stanze, tappezzarle di colori vivaci e arieggiare quelle chiuse da secoli. In poche settimane il castello prese un aspetto molto «americano»: fresco, pulito e pratico.

Il signor Otis scrisse a Lord Canterville che il fantasma se ne era andato per sempre.

Il ricevimento fu un successo. Per una volta i gemelli si comportarono in modo ineccepibile, ma i protagonisti indiscussi della festa furono i due fratelli piú grandi. In particolar modo Virginia, con la sua grazia e dolcezza, conquistò tutti i presenti. Non riuscí a sedersi un attimo, per via della fila di pretendenti che voleva ballare con lei.

Il piú assiduo nel corteggiamento fu il giovane duca di Cheshire, che si chiamava Cecil, ed era un bel giovane, appassionato e gentile. Virginia si intrattenne spesso con lui. Entrambi avevano la passione per i cavalli e parlarono a lungo, un po' in disparte. Lui aveva già avuto modo di apprezzare le doti di Virginia come cavallerizza, ma quella sera se ne innamorò perdutamente.

Anche Virginia non era insensibile al suo fascino. Cosí

il duca di Cheshire fu invitato a rimanere per qualche tempo al castello.

I due ragazzi passavano le giornate sempre insieme: passeggiavano a cavallo per la brughiera, o si sedevano sul divano, davanti al fuoco, a parlare per ore.

Il fantasma, che era vivo e vegeto per quel che può esserlo un fantasma, li spiava continuamente.

In realtà non se ne era mai andato, ma aveva perso ogni speranza di poter spaventare quella strana famiglia, e se ne rimaneva chiuso nella sua stanza. Osservava i due giovani innamorati che passeggiavano nel parco con la fronte appoggiata al vetro freddo, mentre il cuore gli doleva nel petto.

Anche lui, tanto tempo prima, aveva provato qualcosa di simile... e si ricordò che doveva essere stato bellissimo.

CAPITOLO V

UN'AMICIZIA INASPETTATA

ERA UNA SPLENDIDA giornata autunnale, e Virginia e Cecil avevano appena terminato la loro gita a cavallo.

Virginia si era strappata il vestito da cavallerizza e si staccò a malincuore da Cecil per cercare una cameriera che potesse cucirlo.

Stava passando davanti alla Sala degli arazzi, quando si fermò, colpita da una visione strana: c'era «qualcuno» sulla poltrona davanti alla finestra. Una figura immobile come una statua fissava il giardino e sospirava.

Virginia fece qualche passo avanti e sobbalzò dallo stupore: era il fantasma di Canterville! Osservava i colori dell'autunno con un'aria tanto solitaria e desolata, che la ragazza ebbe pietà di lui e gli si avvicinò.

– So perché è triste, – esordí. – E mi dispiace tanto.

Il fantasma fece un salto sulla poltrona, perché Virginia era delicata e leggera e non aveva sentito i suoi passi.

– Ma domani i miei fratelli torneranno a scuola, e vedrà che se si comporta bene, nessuno al castello le darà piú fastidio!

– Ma che sciocchezze dice? – saltò su il fantasma, che aveva il suo bel caratterino. – Come si fa a chiedere a un fantasma di comportarsi bene? Il mio compito è comportarmi male e spaventare piú gente possibile!

– Questo è quello che pensa lei! Nessuno la obbliga a essere cosí. Se volesse, potrebbe cambiare! La signora Umney ci ha detto che lei in vita ha assassinato sua moglie. È stato un gesto orribile! Non pensa di essersi già comportato male abbastanza?
– Oh, quella! – sbuffò il fantasma. – Quella è una storia vecchia e stravecchia. Mia moglie era una donnina insignificante e non sapeva fare nulla, nemmeno cucinare un fagiano! Era noiosa e irritante. Toglierla di torno è stata la cosa migliore che io abbia fatto! E del resto, ho pagato per quel gesto. I suoi fratelli si sono vendicati facendomi morire di fame!
Virginia sembrò molto scossa da quella rivelazione.
– Ha fame? Vuole un panino? Posso portarglielo...
– No, grazie. Ormai non ho piú bisogno di mangiare, – il fantasma la fissò nei grandi occhi azzurri, – ma lei è molto gentile a preoccuparsi per me, signorina. Non come gli altri suoi familiari, maleducati e prepotenti!

– Non si permetta di parlare in questo modo della mia famiglia, – sbottò Virginia. – È lei a essere maleducato! E anche ladro! Crede che non sappia chi è che ruba i colori dalla mia scatola da disegno, per dipingere quella ridicola macchia sul pavimento? Prima i rossi, poi i blu e i gialli e infine i verdi! Li ha presi senza chiedermi il permesso e ora non posso piú dipingere! Come la chiama questa? Buona educazione?
Il fantasma sembrava confuso.
– Mi scuso... ma cos'altro potevo fare? Suo fratello, con quello Smacchiatore Universale Pinkerton, sembrava un ossesso. Si è accanito ogni giorno contro la mia opera. È difficile procurarsi del sangue vero al giorno d'oggi, sa? E in quanto al blu, trovo che sia stata un'ottima soluzione. Noi Canterville abbiamo sangue blu, anzi, il sangue piú blu di tutta l'Inghilterra! Quindi il colore era piú che adeguato! Ma questo a lei non interessa, perché è americana, e per voi certe cose non contano!

– Lei è proprio sgradevole! Adesso pretende di sapere anche quello che ci interessa. Si sente superiore a tutti! Basta! Non perderò piú tempo!
Virginia fece per andarsene, ma il fantasma scattò in piedi e la fissò con gli occhi lucidi.
– Non mi lasci, la prego! Mi sento cosí triste e solo! – Le prese la mano con gelide dita scheletriche e la baciò con un soffio infuocato. – Mi perdoni, non volevo offenderla. Ma sono tanto stanco, Virginia. Non dormo da trecento anni!
La ragazza lo guardò dritto negli occhi infossati, circondati da una rete di rughe profonde. Era lo spettro di un uomo distrutto.
Commossa, si inginocchiò al suo fianco. – Non c'è un posto dove potrebbe riposare un po'?
– Nel bosco dei pini... – mormorò il fantasma, e mentre parlava un'espressione dolce lo trasfigurava. – Nel bosco dei pini, esiste un giardino nascosto. L'erba cresce

alta e forte, e le gemme bianche della cicuta fioriscono sempre. L'usignolo canta tutta la notte, mentre la luna illumina il bosco della sua fredda luce incantata e il tasso cinge i dormienti con le sue braccia.

Virginia comprese, e gli occhi le si velarono di lacrime.

– Ma lei parla del Giardino della morte! – bisbigliò.

– Sí. La morte! Dev'essere cosí bella, la morte! Stare distesi nella terra scura, senza affanni né gioie, senza ieri né domani. Ascoltare il silenzio, dimenticare il tempo. Essere in pace.

Dolci lacrime scorrevano sulle gote di Virginia, che sentiva tutto il dolore del fantasma dentro di sé.

– Ma lei può aiutarmi! – le disse il fantasma. – Perché lei sa cos'è l'amore, Virginia. E solo l'amore è piú forte della morte.

Virginia sentí un brivido gelido lungo la schiena. Aveva l'impressione di essere piombata in un brutto sogno, da cui non riusciva a svegliarsi.

– Ha mai letto la profezia, nella Sala della biblioteca? – le chiese il fantasma.

– Piú di una volta! Ma non riesco a comprenderla, anche se la conosco a memoria. Dice cosí:

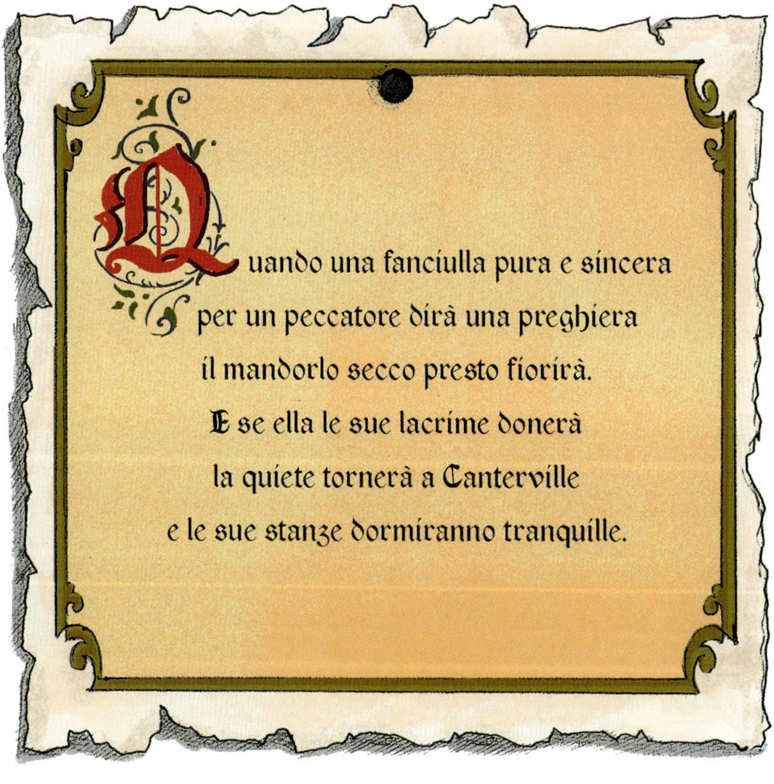

Un silenzio commosso scese sulla stanza. Il fantasma la guardava pieno di speranza.
– Ora ha compreso? Dice che se una fanciulla dolce e buona piangerà per i miei peccati e per la mia anima, l'Angelo della morte avrà pietà di me. Ma dovrebbe seguirmi in un posto... e non posso chiederglielo, Virginia, me ne rendo conto. Vedrà cose spaventose e sentirà voci terribili che cercheranno di convincerla a lasciar perdere!
Virginia taceva, chiusa nei suoi pensieri.
– E se accettassi di aiutarla, invece? Pensa che potrei farcela?
Il suo viso era cosí puro e luminoso, che al fantasma mancò il fiato.
– Ma certo! Lei è forte, lo so! Lei è l'anima piú candida che mi sia mai capitato di incontrare! Non deve temere nulla, perché il suo spirito sarà piú forte di qualsiasi cosa.
– Non ho paura, – bisbigliò allora la ragazza. – E ho de-

ciso. Mi dica cosa devo fare per convincere l'Angelo della morte ad avere pietà di lei.

Il fantasma le prese dolcemente la mano.

– Seguimi, – sussurrò.

Le figure disegnate sugli arazzi della sala si animarono e iniziarono a gridare:

– Non farlo, Virginia, non farlo! Stai attenta! Potresti non ritornare piú!

Ma Virginia non vi prestò attenzione. Si fece condurre dal fantasma in fondo alla stanza e ascoltò senza battere ciglio le parole incomprensibili che sussurrava. La parete di fronte a loro si dissolse e al suo posto apparve una profonda caverna nera, da cui usciva sibilando un vento gelido.

La ragazza non ebbe tempo di pensare o reagire.

– Non aver paura! Ci sono qui io! – gridò il fantasma, mentre un turbine sempre piú forte la trascinava via.

Poi la parete si richiuse e la Sala degli arazzi tornò vuota e silenziosa.

CAPITOLO VI

LA SCOMPARSA DI VIRGINIA

QUELLO STESSO giorno, quando al castello suonò la campanella per avvisare che il tè era servito, Virginia non si fece vedere.

– Sarà andata a cogliere fiori in giardino! – sospirò la signora Otis. – La aspetteremo.

Sottolineò l'ultima frase con un'occhiataccia diretta ai gemelli, che stavano già allungando le mani sulla tavola imbandita di tartine al cetriolo, biscotti e torte appena sfornate.

Il cameriere mandato a cercare Virginia frugò il castello e il giardino in lungo e in largo e tornò con un'espressione sconsolata.

– Mi dispiace, ho guardato dappertutto, ma la signorina Virginia non si trova, – disse, allargando le braccia. – Sembra scomparsa!

La signora Otis ebbe come un presentimento.

– Lasciamo stare il tè e andiamo a cercarla, – esclamò, alzandosi da tavola. – Non è da lei tardare cosí tanto!

Insieme al marito e ai ragazzi, setacciò ogni stanza, angolo buio o siepe nascosta, ma della figlia nessuna traccia.

All'imbrunire la preoccupazione dei genitori era alle stelle.

– Non è mai successo, – continuava a ripetere la madre. – Deve esserle accaduto qualcosa!

Si stropicciava le mani, trattenendo le lacrime, sotto gli sguardi costernati degli altri familiari.

Al signor Otis venne in mente che qualche giorno prima aveva dato il permesso a un gruppo di zingari di accamparsi nel parco. Maledicendo la sua fiducia nel prossimo, saltò a cavallo, accompagnato da un paio di garzoni e dal figlio maggiore, ma quando arrivò all'accampamento, gli zingari erano spariti.

– Guardate! Devono essere partiti in tutta fretta!

Il fuoco infatti era ancora acceso e c'erano delle stoviglie sparse sul prato.

Ritornò al castello al galoppo e trasmise telegrammi ovunque nella contea, chiedendo alla polizia di mettersi alla ricerca di una ragazzina rapita dagli zingari.

– Non me la sento di stare con le mani in mano in attesa di notizie. Andrò a cercarla di persona! – decise. – E non tornerò fino a quando non l'avrò trovata!

Baciò la moglie sulla fronte e ripartí. Stava trottando a

capo chino, chiuso nei piú cupi pensieri, quando sentí dietro di sé uno scalpitio di zoccoli. Si girò e vide Cecil che arrivava al galoppo, con il viso paonazzo dal freddo e i capelli al vento.

– Neppure io potevo stare al castello ad aspettare. Lasciatemi venire con voi, vi prego! – esclamò, diventando ancora piú rosso.

Il signor Otis guardò il viso del ragazzo stravolto dall'ansia e gli scappò un sorriso.
– Va bene. Ma al primo villaggio che incontreremo, comprerai un cappello o ti buscherai un malanno! Non voglio altre preoccupazioni!

Cercarono Virginia in ogni paese e stazione ferroviaria dei dintorni, chiedendo informazioni a chiunque incontrassero, ma la ragazza era come svanita nel nulla.
Alle undici, stanchi e avviliti, decisero di rientrare.
Gli zingari nel frattempo erano stati rintracciati dalla polizia, ma Virginia non c'era. Anzi, un gruppo di loro si era messo sulle sue tracce, perché erano dispiaciuti della scomparsa della signorina, di cui avevano avuto modo di apprezzare la gentilezza, ed erano grati al signor Otis di averli accolti nel suo parco.
L'unica traccia plausibile si perdeva cosí nelle ombre della notte.

Quando il signor Otis arrivò al castello, lo trovò immerso in un profondo silenzio. La polizia aveva dragato il laghetto e setacciato il parco, senza risultato. I camerieri lo attendevano all'ingresso con i volti angosciati e la signora Otis era distesa sul divano del salotto, con accanto la signora Umney che cercava di farle coraggio. Alzò lo sguardo verso il marito e comprese dalla sua espressione che anche per lui ogni ricerca era stata inutile.
– Mangiamo qualcosa, – disse allora con un filo di voce.
– Ne abbiamo bisogno.
Consumarono una cena triste e fredda. Nessuno osava aprire bocca e il pasto era scandito dalle grida rauche di una civetta.
– Ora andiamo a letto e cerchiamo di riposare un po'! – esclamò il signor Otis.
Tutti provarono a protestare, ma lui fu categorico.
– È notte fonda ed è inutile rimanere svegli. Domani all'alba riprenderemo le ricerche.

– Ma io potrei... – fece per ribattere Cecil.

Si interruppe perché dalla torre dell'orologio si levarono i primi rintocchi della mezzanotte. Sembravano piú lugubri del solito e gettarono lo sconforto sulla tavolata.

Ma nell'istante in cui risuonò l'ultimo colpo, al piano di sopra ci fu uno schianto, seguito da un grido. Un tuono tremendo scosse il castello dalle fondamenta, mentre una musica d'altri tempi, proveniente da chissà dove, invadeva le stanze. La parete in cima alle scale si abbat-

té a terra con un fracasso che fece saltare tutti in piedi e sul pianerottolo apparve...
– Virginia! – gridarono i signori Otis.

La ragazza avanzava verso di loro pallidissima, stringendo tra le mani un cofanetto. In un attimo tutti le furono intorno. Chi la abbracciava, chi la baciava, chi le accarezzava il vestito o i capelli.
La prima che riacquistò la parola fu la signora Otis.
– Ma dove sei stata, tesoro mio? Siamo quasi impazziti per l'angoscia!
– Rispondi a tua madre! – sbottò il signor Otis. – E spero che tu abbia una buona ragione per giustificare la tua scomparsa! Io e Cecil abbiamo percorso a cavallo l'intera contea per cercarti! Se è uno scherzo, è stato davvero di cattivo gusto!
Virginia li guardò uno a uno con dolcezza, poi parlò con voce tremante.

– Papà, mamma cari. Non è stato uno scherzo. Sono stata con il fantasma. Ho dovuto farlo, per lui e per noi. Ora è tutto finito. Lui è morto e noi vivremo finalmente tranquilli. In vita è stato molto malvagio, ma ora si è pentito delle sue azioni e anche lui potrà finalmente avere la pace che si merita –. Porse alla madre lo scrigno. – Mi ha detto di dartelo. È pieno di stupendi gioielli.

Alle sue parole seguí un profondo silenzio.

Virginia, serissima, fece cenno ai suoi di seguirla. Passando attraverso la parete caduta, li guidò lungo un corridoio stretto e buio, mentre Washington teneva alta una lampada per illuminare il percorso.

Arrivarono a un'antica porta di legno che non avevano

mai visto, rinforzata con chiodi arrugginiti. Virginia la toccò appena e quella si aprí, mostrando una stanzetta bassa e soffocante, con una finestra protetta da pesanti sbarre.

– Ma... è una prigione! – sussurrò sgomento il giovane Cecil.

– La *sua* prigione, – confermò Virginia e indicò «qualcosa» steso sul pavimento.

Incatenato per un braccio a un anello della parete, c'era uno scheletro, che sembrava voler afferrare con le dita ossute una brocca e un vassoio che non avrebbe mai potuto raggiungere, perché la catena era troppo corta.

Virginia gli si inginocchiò accanto e iniziò a pregare per la sua anima.

– Questo era il corpo di Lord Canterville, – sussurrò.

– Povero disgraziato. L'hanno fatto morire di fame e di sete... – disse la signora Otis.

Un raggio di luna entrò dalla finestra e illuminò Virginia.

– Guardate! – saltò su uno dei gemelli. – Guardate fuori, in giardino! Il mandorlo secco è fiorito! Fino a poco fa sembrava morto e ora è ricoperto di boccioli bianchi!

– Dio lo ha perdonato! – disse Virginia, rialzandosi, mentre la luce della luna le illuminava il viso dolce e purissimo.

– Sei un angelo! – esclamò Cecil e, buttandole le braccia al collo, incapace di trattenersi, la baciò davanti a tutti.

CAPITOLO VII

NUOVA VITA AL CASTELLO

LA NOTTE SUCCESSIVA, un corteo funebre si staccò dal castello diretto al cimitero. Sul carro trainato da otto cavalli neri, ognuno con un gran pennacchio di piume sul capo, era depositata la bara con quel che rimaneva del defunto. Ai lati del corteo camminavano i domestici, che reggevano le torce accese. Lord Canterville, arrivato apposta dal Galles, sedeva nella prima carrozza al fianco di Virginia. Dietro di loro, nella seconda carrozza, sedevano i coniugi Otis e nell'ultima, i ragazzi e la signora Umney.

La fossa era stata scavata proprio sotto i rami del grande tasso. Quando calarono la bara, spente tutte le torce, Virginia si avvicinò e vi depositò sopra una croce fatta

di boccioli di mandorlo. Proprio allora la luna apparve da dietro le nuvole, illuminando quell'angolo di cimitero, e un usignolo intonò la sua canzone.
La ragazza si ricordò della descrizione del Giardino della morte che le aveva fatto il fantasma, del suo desiderio di poter riposare in un luogo cosí per l'eternità, e gli occhi le si riempirono di lacrime.
– Ora sei in pace! – sussurrò, poi si girò e si avviò verso il castello, senza aggiungere una parola.

Il mattino successivo Lord Canterville ebbe un lungo colloquio con il signor Otis per cercare di convincerlo a tenere per sé i preziosi gioielli che il fantasma aveva regalato a Virginia.

Ma il signor Otis non ne voleva sapere.

– Neanche per idea, – insisteva. – Quei gioielli appartenevano a un suo antenato e come eredità diretta ora sono suoi. Virginia è ancora una ragazzina e non sa che farsene. Noi americani siamo gente semplice, mi creda. Gioielli di tale valore e importanza ci creerebbero solo imbarazzo. Per noi non rappresentano nulla, mentre per voi sono preziosi quanto un titolo nobiliare.

– Non posso accettare, – replicava ostinato Lord Canterville. – Il fantasma non li ha regalati a me, ma alla vostra figliola, che del resto gli ha reso un grande favore. Sono certo che se li prendessi io, verrebbe a tormentarmi per l'eternità. In quanto a Virginia, ora è una fanciulla, ma può essere che crescendo le venga voglia di indossarli. In caso contrario, li terrà come ricordo.

– A Virginia basterà conservare il cofanetto, mi creda.

– No e poi no. Non posso accettare. Comprando il castello avete comprato in blocco tutto ciò che conteneva, fantasma compreso. Vi ricordate cosa mi diceste quel giorno? Bene, questi gioielli sono l'eredità del fantasma, e ora appartengono a voi.

La discussione si protrasse a lungo, ma alla fine la spuntò Lord Canterville e i gioielli rimasero a Virginia.

Anni dopo, quando Virginia sposò il giovane Cecil, ottenendo il titolo nobiliare di duchessa, fu presentata a corte al re e alla regina, e in quell'occasione indossò i gioielli del defunto Lord Canterville.
Dopo la luna di miele, il duca e la duchessa tornarono al castello e si recarono al cimitero. Virginia aveva portato delle bellissime rose, che depose sulla tomba.
Le sembrava che fosse passato un secolo e invece erano trascorsi solo pochi anni, ma la sua esistenza era completamente cambiata. Ora era una giovane donna sposata e innamorata, con tutta una vita felice davanti.
I due giovani si sedettero vicino alla tomba e rimasero in silenzio per un po'. Cecil fumava pensieroso, ai piedi della moglie, e Virginia osservava le nuvole che correvano nel cielo.

Fu Cecil a rompere il silenzio.

– Virginia cara, sai che una moglie non deve avere nessun segreto per suo marito, – iniziò, un po' titubante.

– È vero, caro. E infatti io non ho segreti per te!

– E invece credo di sí. Non mi hai mai raccontato cosa accadde quel giorno, quando hai seguito il fantasma dietro la parete.

Virginia lo fissò, sorpresa.

– Non posso dirlo a nessuno!

– Ma io sono tuo marito!

Un'espressione triste passò sul bel viso di Virginia.

– Non chiedermelo, ti prego. Povero Lord Canterville, tradirei la sua fiducia! Gli sono molto riconoscente, sai. E non devi ridere! Mi ha fatto capire che dono prezioso sia la vita e il significato della morte... – Allungò una mano e accarezzò quella di suo marito. – È grazie a lui che ho imparato che l'amore è piú forte di entrambe!

Il duca si alzò e la baciò teneramente.

– Hai ragione, moglie adorata. Conserva pure il tuo segreto, a patto che il tuo amore sia mio per sempre –. Poi Cecil sembrò ripensarci. – Vorrà dire che un giorno lo svelerai ai tuoi figli... vero?

E Virginia arrossí.

Indice

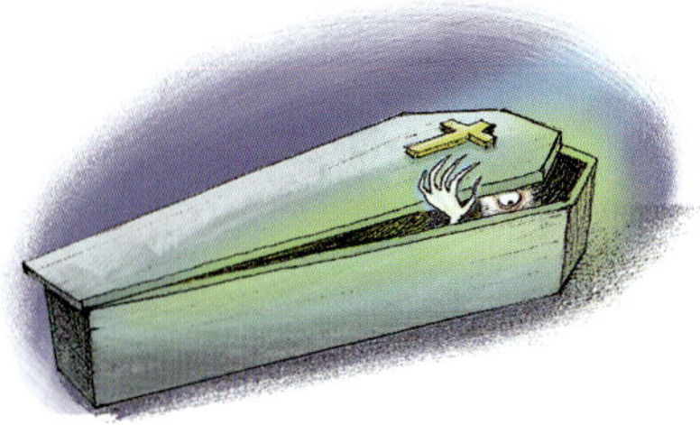

I. Castello con sorpresa 5
II. La macchia che non si smacchia 15
III. Lo spettro della vendetta 23
IV. Fantasma in fuga 33
V. Un'amicizia inaspettata 43
VI. La scomparsa di Virginia 54
VII. Nuova vita al castello 67

Classicini

EDIZIONI EL

Pubblicazioni piú recenti

54. Teo Benedetti, *Kim*
55. Sarah Rossi, *Alice attraverso lo specchio*
56. Davide Morosinotto, *I ragazzi di Jo*
57. Lucia Vaccarino, *La piccola Dorrit*
58. Tommaso Percivale, *Dr. Jekyll e Mr. Hyde*
59. Jacopo Olivieri, *Iliade*
60. Pierdomenico Baccalario, *Il conte di Montecristo*
61. Sabina Colloredo, *Orgoglio e pregiudizio*
62. Jacopo Olivieri, *Il vento nei salici*
63. Sarah Rossi, *Bambi*
64. Silvia Roncaglia, *Il favoloso regno di Oz*

Classicini

EDIZIONI EL

65. Tommaso Percivale, *La leggenda della spada nella roccia*
66. Davide Morosinotto, *Una ragazza fuori moda*
67. Sarah Rossi, *Lo Schiaccianoci*
68. Elisa Puricelli Guerra, *Ulisse e Argo*
69. Sabina Colloredo, *Pollyanna cresce*
70. Igor De Amicis e Paola Luciani, *Il gobbo di Notre-Dame*
72. Sarah Rossi, *Pel di Carota*
73. Sarah Rossi, *Il mondo di Peter Coniglio*
74. Sarah Rossi, *La Bella e la Bestia*
75. Davide Morosinotto, *Eneide*
76. Roberto Piumini, *I promessi sposi*

Finito di stampare
nel mese di maggio 2019
presso Stamperia Artistica Nazionale, Trofarello (To)